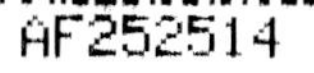

AF252514

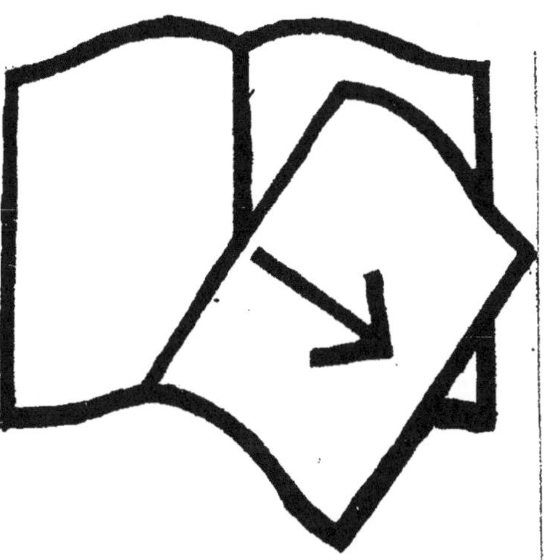

Couvertures supérieure et inférieure
manquantes

SUPPRESSIONS

ET

CRÉATIONS DE COMMUNES

STATISTIQUE

DES PETITES COMMUNES EN FRANCE ET EN ITALIE

UNIONS DE PAROISSES DE L'ANGLETERRE

NON APPLICABLES AUX COMMUNES DE FRANCE

PAR

M. Th. DUCROCQ

PROFESSEUR DE DROIT ADMINISTRATIF A LA FACULTÉ DE DROIT DE PARIS
DOYEN HONORAIRE DE LA FACULTÉ DE POITIERS
CORRESPONDANT DE L'INSTITUT

Extrait du *Journal de la Société de statistique de Paris*, numéro de juin 1886.

NANCY

IMPRIMERIE BERGER-LEVRAULT ET Cⁱᵉ

11, RUE JEAN-LAMOUR, 11

1886

SUPPRESSIONS ET CRÉATIONS DE COMMUNES

STATISTIQUE DES PETITES COMMUNES EN FRANCE ET EN ITALIE

NIONS DE PAROISSES DE L'ANGLETERRE NON APPLICABLES AUX COMMUNES DE FRANCE

Comme l'auteur de la communication au cours de laquelle j'ai eu l'honneur de
emander la parole (1), je crois qu'il existe en France un nombre trop considérable
e petites communes. J'estime comme lui que cette extrême division de l'unité
ommunale est pleine d'inconvénients administratifs et financiers. Elle dissémine les
ssources; elle augmente les dépenses; elle disperse les intelligences; elle émiette
vie communale; elle amène une regrettable déperdition de forces.

Mais en partant du même point de départ et de cette idée commune, j'ai le regret
e ne pouvoir suivre l'honorable auteur de la communication dans les consé-
uences qu'il croit devoir en tirer, et de différer entièrement de manière de voir
ur les trois points essentiels qui ont fait l'objet de ses développements.

La question des petites communes soulève, en effet, deux questions préalables
nécessaires, celle de leur diminution par voie de suppression, et celle de la con-
nance de ne point créer de petites communes nouvelles. A ces deux questions,
i n'ont jamais cessé d'être à l'ordre du jour dans le pays, suppression et créa-
on de communes, l'honorable auteur de la communication a ajouté une troisième
uestion, celle de l'association des communes qui lui paraît un remède souverain
x inconvénients de l'émiettement communal.

Tout d'abord, il nous est difficile de trouver un enchaînement logique entre le
int de départ et les deux premières des trois propositions suivantes qui résultent
e la communication : 1° que, malgré les inconvénients résultant de la multiplicité
es petites communes, il ne convient pas d'en diminuer le nombre par voie de
ppression; 2° qu'il peut être même de bonne administration d'en créer de nou-
elles; 3° que l'association des communes saura remédier à tous les inconvénients.

Nous croyons à la fois plus logique et plus exact de dire que, puisque les petites
ommunes sont trop nombreuses en France, il est de bonne administration : 1° de
e pas renoncer à en diminuer le nombre par voie de suppression ; 2° de renoncer
 contraire à en créer de nouvelles; et 3° de ne pas modifier une loi municipale
ui date d'hier pour y introduire des dispositions relatives aux associations de
ommunes que le législateur a déjà discutées et rejetées comme dangereuses et
estructives de l'unité communale.

Nous devons nous expliquer successivement sur chacun de ces trois points.

---

(1) Réponse à une communication relative aux petites communes en France et en Italie *par M. de Crisenoy.*

I.

Suppressions de communes;

Statistique des petites communes en France et en Italie.

Nous ne méconnaissons point les ménagements qu'il convient de garder en cette matière. Mais nous n'admettons pas qu'il n'y ait plus rien à faire dans le sens des suppressions de communes; nous ne croyons pas à l'impossibilité alléguée.

Au point de vue exclusivement pratique, nous tenons pour constant que la création des associations de communes jetterait dans l'administration locale un trouble autrement grand que des suppressions de petites communes faites prudemment, en profitant des occasions, en tenant compte des circonstances de temps, de lieux et de personnes, comme c'est le devoir et le talent de l'administrateur. Il ne s'agit nullement d'ordonner des suppressions en masses, ni de communes de moins de 300, ni même de communes de moins de 100 habitants. Il s'agit seulement d'orienter dans le sens des suppressions favorables l'administration du pays; et cela est pratique et possible, aujourd'hui comme avant 1865, sans secousse politique et sans commotion ministérielle.

Les suppressions faites en Italie sur une importante échelle prouvent que ces suppressions n'apportent pas les bouleversements redoutés; et si le mouvement s'y est ralenti, rien n'autorise à dire qu'il n'y doive pas reprendre sa marche, bien que l'émiettement communal n'existe nullement dans ce pays comme en France.

Chez nous, les 44,000 communes créées par l'Assemblée constituante laissaient à la pratique utile des suppressions une marge singulière. Il y a eu, à ce point de vue, deux périodes principales, correspondantes à deux courants en sens contraire. Les faits eux-mêmes donnent la preuve qu'il est possible de supprimer des communes sans bouleverser l'administration locale. De 1805 à 1865, en effet, 8,000 communes ont été supprimées en France. Sans doute, pendant la seconde partie de cette longue période, le mouvement s'est ralenti; cependant, de 1830 à 1865 il y a eu encore 1,108 suppressions de communes.

A partir de 1865, les créations de communes nouvelles l'emportent sur les suppressions. Il n'y a plus, de 1865 à 1872, que 23 suppressions, et de 1872 à 1881, que 4 seulement.

Est-ce à dire qu'il n'y ait plus de suppressions à faire en France ? Ce n'est pas seulement la théorie qui va répondre à cette question; c'est la statistique, et vous savez qu'il n'y a pas de science plus pratique que celle-là.

C'est elle qui va nous dire s'il est vrai de prétendre que toutes les suppressions possibles ont été faites. La statistique montre au contraire qu'il y a de nos jours les mêmes raisons, sans violence et sans brusquerie, de faire des suppressions nouvelles et toujours désirables.

Sur nos 36,097 communes, il y en a 31,505 qui ont moins de 1,500 habitants; et sur ces 31,505 communes de moins de 1,500 habitants, il y en a 16,870 de moins de 500 habitants.

Vous voyez comme la différence est grande entre la situation de la France et celle de l'Italie. En Italie, sur 8,259 communes il n'y a que 693 communes dont la population soit inférieure à 500 habitants. En France, nous en avons 16,870. En Italie, c'est une exception; en France c'est la catégorie de communes la plus nombreuse; elle n'est pas loin de former à elle seule la moitié des communes de France. Voici comment elle se décompose :

Communes de moins de 100 habitants	. . .	720
— de 101 à 200 habitants	. . . . .	3,486
— de 201 à 300 —	. . . . .	4,732
— de 301 à 400 —	. . . . .	4,333
— de 401 à 500 —	. . . . .	3,599
		16,870

Il faut remarquer, en outre, que le nombre des communes françaises de 501 à 1,000 habitants s'élève à 10,633.

Ainsi, malgré les suppressions accomplies dans notre pays depuis 1805, il est vrai de dire que les petites communes y dominent dans cette proportion énorme de 27,503 communes de moins de 1,000 habitants sur 36,097 communes, c'est-à-dire plus des trois quarts des communes de France. Tandis qu'en Italie il n'y a que 2,038 communes ayant moins de 1,000 habitants, c'est-à-dire un quart seulement des 8,259 communes du royaume d'Italie.

On pourrait donc s'arrêter en Italie dans la voie des suppressions, sans que nous soyons autorisés à en tirer aucune conclusion applicable à la France.

Il est vrai de dire que dans notre pays la situation (dont la cause se trouve dans l'article 7 de la loi du 22 décembre 1789 sur la constitution des municipalités) n'a pas cessé d'être la même, malgré les suppressions accomplies pendant la première partie de ce siècle. Nous n'avons garde de critiquer l'œuvre de la grande Assemblée. En disant dans cet article qu' « il y aura une municipalité en chaque ville, bourg, « paroisse, ou communauté de campagne », le législateur de 1789 poursuivait son œuvre de destruction des privilèges de territoires, comme des privilèges de personnes. Mais il appartient aux continuateurs des grandes assemblées réformatrices d'améliorer leur œuvre en atténuant les conséquences préjudiciables d'un principe appliqué d'une manière absolue. C'est ce que l'on a fait pendant soixante ans, sans rien bouleverser dans notre administration locale; les chiffres de la statistique ci-dessus rappelés montrent qu'il y a lieu de continuer encore.

Il convient de prendre principalement pour exemple les 720 communes de moins de 100 habitants. On pourrait être tenté de croire que ces communes infinitésimales ont leur raison d'être dans des circonstances particulières, tenant soit à la constitution géologique du sol, soit au degré de la richesse, soit à d'autres circonstances spéciales devant lesquelles l'administration doit s'arrêter. La statistique détaillée de ces 720 communes, que nous allons présenter, prouvera d'une manière générale qu'il n'en est point ainsi, et qu'il y a réellement dans les suppressions de communes accomplies de 1805 à 1865 une œuvre inachevée, qu'il est possible et désirable de reprendre avec les ménagements qu'elle comporte.

Les 720 communes de moins de 100 habitants sont fort inégalement réparties. Il y a 32 départements qui n'en possèdent aucune, 32 autres départements qui en ont moins de 10, et 23 départements qui en ont 10 ou plus de 10.

Les 32 départements qui n'ont aucune commune de moins de 100 habitants se trouvent indistinctement dans toutes les régions de la France. Ils présentent une extrême variété au point de vue de la nature du sol; les uns sont des pays plats, comme le Loiret, Indre-et-Loire, Maine-et-Loire, Vienne, Charente, Vendée, Loire-Inférieure, Ille-et-Vilaine, Morbihan, Côtes-du-Nord, Finistère; d'autres sont des pays de montagnes, comme l'Ain, l'Ardèche, l'Aveyron, la Haute-Loire, le Puy-de-Dôme, l'Allier, la Corrèze, le Cantal, la Haute-Vienne, la Creuse, appartenant surtout à la région montueuse du centre de la France où pullulent les sections de communes.

Parmi ces 32 départements qui ne contiennent aucune commune de moins de 100 habitants, il y a des départements très riches, comme la Seine et le Rhône, et des départements les plus pauvres de France, comme la Lozère.

Nous avons dit que 32 autres départements ont moins de 10 communes de moins de 100 habitants. Ils se décomposent ainsi : 8 départements n'en ont qu'une seule (Nord, Seine-Inférieure, Bouches-du-Rhône, Loir-et-Cher, Alpes-Maritimes, Nièvre, Saône-et-Loire et Tarn); 5 départements n'en ont que 2 (Dordogne, Gers, Orne, Deux-Sèvres, Tarn-et-Garonne); 5 en ont 3 (Basses-Pyrénées, Charente-Inférieure, Cher, Sarthe, Vaucluse); 2 en ont 4 (Gironde et Var); 2 en ont 5 (Corse et Isère); 3 en ont 6 (Gard, Manche, Pyrénées-Orientales); 5 en ont 7 (Hautes-Alpes, Ardennes, Belfort, Eure-et-Loir et Yonne); 1 en a 8 (Ariège); et 1 en a 9 (Aude).

Voilà donc 64 départements qui ont peu ou point de communes de moins de 100 habitants, et ces départements se trouvent au Nord, à l'Ouest, à l'Est, au Midi, au Centre de la France; les uns sont riches, les autres pauvres; les uns sont en plaine, les autres en montagne.

Donc c'est un premier idéal que la suppression des communes de moins de 100 habitants, dont l'exécution ne rencontre pas (cette statistique le prouve) d'obstacles d'ordre régional, ni aucun obstacle insurmontable.

En passant maintenant des 64 départements qui ont peu ou point de communes de moins de 100 habitants, aux 23 départements qui en possèdent 10 ou plus de 10, nous allons faire les mêmes constatations.

Afin de les préciser davantage et d'établir d'une manière plus complète cette statistique des communes de moins de 100 habitants, nous allons dresser le tableau complet de ces 23 départements qui en possèdent le plus, depuis ceux de la Haute-Garonne et de Seine-et-Marne qui en ont 10, jusqu'à celui du Doubs qui en a 80.

Nous allons y joindre le nombre des communes de moins de 500 habitants que contiennent ces mêmes départements, et le chiffre total des communes de chacun de ces 23 départements.

Dans une autre colonne nous indiquerons la proportion du nombre des communes de moins de 500 habitants pour chacun de ces départements.

Enfin, dans deux autres colonnes, la 1re et la 7e, nous donnerons les numéros d'ordre de ces départements; la 1re indiquant le rang de ces départements au point de vue du plus grand nombre des communes de moins de 100 habitants; et la 7e indiquant le rang qu'ils occupent entre eux au point de vue de la proportion des communes de moins de 500 habitants. La proportion totale de ces dernières communes dans ces 23 départements est de 64.64 communes de moins de 500 habitants sur 100 communes.

RANG des 23 départements qui ont le plus de communes de moins de 100 habitants.	DÉPARTEMENTS.	NOMBRE DES COMMUNES			PROPORTION des communes de moins de 500 habitants.	RANG des 23 départements suivant la proportion de leurs communes de moins de 500 habitants.
		de moins de 100 habitants.	de moins de 500 habitants.	du département.		
1	Doubs.	80	506	638	79.31	2
2	Hautes-Pyrénées. .	43	238	480	49.50	21
3	Marne.	38	504	664	75.90	3
4	Somme	36	542	836	64.83	13
5	Aisne	32	524	838	62.53	14
6	Haute-Marne . . .	31	332	550	60.36	17
7	Jura.	31	434	584	74.31	5
8	Seine-et-Oise. . .	30	279	686	40.67	23
9	Meuse.	26	432	586	73.72	6
10	Eure.	25	496	700	70.85	8
11	Haute-Saône . . .	25	410	583	70.34	9
12	Basses-Alpes . . .	24	162	251	64.84	12
13	Côte-d'Or	23	537	717	74.89	4
14	Hérault	21	157	336	46.72	22
15	Aube	20	326	446	73.09	7
16	Drôme.	20	198	376	52.65	20
17	Calvados.	17	435	763	57.01	18
18	Meurthe-et-Moselle.	16	405	597	67.84	10
19	Vosges.	15	227	530	61.70	16
20	Oise.	13	582	701	83.02	1
21	Pas-de-Calais. . .	13	478	904	52.87	19
22	Haute-Garonne . .	10	364	587	62.01	15
23	Seine-et-Marne . .	10	359	530	67.73	11

Dans ce tableau des départements qui possèdent le plus de communes de moins de 100 habitants, nous trouvons aussi, comme dans les catégories qui précèdent, des départements de toutes les régions et de tous les degrés de la richesse. Le seul motif pour lequel ces très petites communes y sont plus nombreuses que dans les autres, est que le travail de suppression y a été plus négligé; c'est qu'il n'a pas été fait pour eux ce que l'auteur de la communication a constaté, d'après le traité des sections de communes de M. Léon Aucoc, « dans le départements de la « Moselle où 300 petites communes ont été supprimées de 1809 à 1814, dans celui « du Gers, où, de 1821 à 1825, on en a supprimé également 144 ».

Le même contraste se produit encore si l'on recherche dans ces départements ceux qui possèdent les plus petites communes. Trois départements semblent devoir remporter cette palme peu enviable, et ces trois départements présentent sous tous les rapports la plus grande diversité; ce sont les départements du Doubs, de la Haute-Marne et de Seine-et-Oise.

Nous signalons, dans le département du Doubs, les communes de Renedale, 46 habitants; Montursin, 37; Arcier (canton nord de Besançon), 28; Bondefontaine, 27; dans le département de Seine-et-Oise et dans le seul canton de Houdan (arrondissement de Mantes), avec d'autres communes de moins de 100 habitants, celle de Thiouville-sur-Opton, 27, et celle de la Tartre-Gaudran, 18 habitants; dans le département de la Haute-Marne, qui semble mériter le premier rang sous ce rapport, les communes de Souchey, 38 habitants; Suzémont, 33; Bressoncourt, 27; La Genevroye, 18, et Morteau possédant également 18 habitants.

Dans ces trois communes microscopiques de 18 habitants, que nous trouvons dans les départements de la Haute-Marne et de Seine-et-Oise, il ne doit pas être facile de trouver les dix conseillers municipaux que l'article 10 de la loi sur l'organisation municipale du 5 avril 1884 attribue à toutes les communes de 500 habitants et au-dessous. Le corps électoral y doit être aussi nombreux que le conseil municipal, puisque le chiffre de 18 habitants comprend les femmes et les enfants; et si les électeurs y ont la satisfaction d'être tous conseillers municipaux, et presque tous délégués sénatoriaux, ils sont aussi dans la pénible nécessité de s'élire eux-mêmes.

Sans doute, la réunion de ces communes minuscules à des communes voisines priverait leurs citoyens majeurs d'un si rare privilège. Mais peut-on confondre l'intérêt qu'ils peuvent avoir à le conserver avec l'intérêt public, général ou communal? N'en peut-on pas dire autant des intérêts électoraux, qui sont pris trop souvent pour le véritable intérêt municipal, dans cette question de suppression des petites communes? Cette observation ne s'applique pas seulement à ces communes infiniment petites, les plus petites communes de France, à ce point qu'il est difficile d'en imaginer de plus petites, et dont on ne peut pas soutenir sérieusement que leur suppression jetterait le désordre dans l'administration locale, ni qu'il y ait impossibilité de les supprimer.

Nous avons raisonné à dessein avec cette statistique détaillée des communes de moins de 100 habitants; mais la démonstration qui en découle s'applique avec non moins de vérité aux groupes avoisinants.

N'autorise-t-elle pas à répudier, non pas théoriquement mais pratiquement, l'assertion produite qu'il n'y aurait plus rien à faire en France dans la voie des suppressions de communes?

II.

Créations de communes.

Puisque les petites communes sont trop nombreuses en France, la logique la plus vulgaire mène à conclure qu'au moins il n'en faut pas créer de nouvelles.

Ainsi on a raisonné pendant la première partie de ce siècle; on supprimait de petites communes, et on n'en créait point ou peu. Maintenant c'est le contraire qui se fait: on ne supprime plus de petites communes, mais on en crée, comme s'il en manquait en France.

La statistique le prouve encore. De 1838 à 1848, il y a eu 115 créations de communes, ce qui donne une moyenne de 11 par an. De 1869 à 1879, on compte 182 créations, c'est-à-dire une moyenne de 18 par an. Le rapport du ministère de l'intérieur sur le recensement de 1881, pour la période quinquennale écoulée de 1876 à 1881, constate 45 créations de communes contre 4 suppressions seulement.

Ces derniers chiffres ont une éloquence démonstrative, à l'appui de notre proposition, qui ne laisse rien à désirer.

D'où est venu ce changement de tendances, ce mouvement en sens inverse, si peu en harmonie avec l'extrême division des communes en France? comment se fait-il que, non seulement on a cessé de la réduire, mais qu'on l'augmente?

Le motif en a été cherché dans le développement de la richesse du pays. Nous reconnaissons qu'il y a des créations de communes qui trouvent là leur justification. On a appelé ces communes ainsi créées des *communes industrielles*, telles sont le Creusot, Monceau-les-Mines, la Ricamarie, la Grand'Combe, la Bourboule, etc. Mais des communes purement agricoles ont également été créées en dehors de toute formation de centres nouveaux et importants, et la majeure partie des communes créées ont moins de 500 habitants ; on en a même vu de moins de 100 habitants.

Ainsi, ce n'est pas seulement le mouvement d'émigration des campagnes vers les villes, c'est aussi la tendance, dont nous regrettons l'existence, à créer de petites communes nouvelles, qui de 1876 à 1881 a fait augmenter de 327 le nombre des communes de moins de 500 habitants et de 17 celui des communes de moins de 100 habitants.

Des changements dans la législation et dans la jurisprudence ont contribué à activer ce mouvement qui augmente l'émiettement communal.

La loi sur les conseils municipaux du 24 juillet 1867 contenait à la fois des mesures de décentralisation qui augmentaient les attributions des conseils électifs et des mesures de déconcentration qui plaçaient entre les mains des préfets des attributions jusque-là réservées au pouvoir exécutif. Telle était la disposition de l'article 14 de cette loi conférant aux préfets le droit de créer les bureaux de bienfaisance. Bien que l'opinion contraire ait été produite, cette disposition est aujourd'hui certainement abrogée par l'article 168, n° 15, de la nouvelle loi municipale du 5 avril 1884, et l'on est revenu, sur ce point, au principe que les établissements publics et les établissements d'utilité publique ne peuvent être créés que par le pouvoir central.

L'article 13 de la loi du 24 juillet 1867, se plaçant dans le même ordre d'idées que son article 14, disposait dans son § 1er que « les changements dans la circons- « cription territoriale des communes faisant partie du même canton sont défini- « tivement approuvés par les préfets, en cas de consentement des conseils muni- « cipaux et sur avis conforme du conseil général ».

Malgré une déclaration faite par le rapporteur au cours de la discussion au Corps législatif, restreignant assez arbitrairement l'application de ce texte équivoque aux simples questions de « délimitation », l'article fut interprété et appliqué dans ce sens qu'il donnait aux préfets, en cas d'assentiment des conseils électifs, le droit d'approuver définitivement tout changement dans la constitution communale, y compris la formation d'une commune nouvelle avec des fractions de communes du même canton (Circulaire du ministre de l'intérieur du 3 août 1867).

Le résultat de cette mesure de déconcentration excessive fut, du 24 juillet 1867 au 10 août 1871, l'érection de 76 communes nouvelles, soit 19 par an, dont 48 par arrêtés préfectoraux.

La loi sur les conseils généraux du 10 août 1871 vint changer la législation. L'article 46 § 26 de cette loi dispose que « le conseil général statue définitivement « sur les changements à la circonscription des communes d'un même canton lors- « qu'il y a accord des conseils municipaux ». Ainsi ce texte semble bien décentraliser au profit des conseils généraux, ce que l'article 13 § 1 de la loi de 1867 avait fait passer des mains de l'administration centrale dans celles des préfets. Malheureusement, le législateur de 1871 employait aussi des termes généraux, comme le législateur de 1867 ; aussi vit-on se succéder les interprétations les plus contradictoires.

La première, qui n'était pas la moins naturelle, bien qu'elle fût la plus dangereuse, a consisté à entendre l'article 46, § 26, de la loi de 1871 comme l'avait été l'article 13 § 1 de la loi de 1867, et à reconnaître aux conseils généraux, au lieu et place des préfets, le droit de statuer définitivement sur les créations de communes, dans la sphère du canton, et en cas d'accord entre les conseils municipaux. La circulaire du ministère de l'intérieur du 8 octobre 1871 se réfère purement et simplement sur ce point à celle du 3 août 1867, en appliquant aux conseils généraux ce qui y était dit des préfets.

Les conséquences de ce système eurent quelque chose de foudroyant dans certains départements. Dans un même département, celui des Ardennes, on avait vu, avec l'article 13 de la loi de 1837, 9 communes créées par arrêtés préfectoraux dans la même année (1869); avec l'article 46 § 26 de la loi de 1871, ainsi interprété, on vit le conseil général de ce département, dans la même séance (du 5 novembre 1871), créer 10 communes nouvelles, dont l'une, celle de Dricourt, n'avait que 72 habitants. Elle est indiquée maintenant comme en possédant 88; de sorte que ce ne sont pas ses chances d'avenir qui justifiaient cette création ; ce n'étaient pas non plus ses ressources, car, d'après la *Situation financière des communes* de 1885, cette commune possède un revenu de 102 fr.; le produit du centime y est de 6 fr.,15 c.; et elle est imposée de 161 centimes! C'est dans toute sa beauté l'idéal pratique des créations de petites communes.

Le département des Ardennes a vu porter ainsi de 6 à 7 le nombre de ses communes de moins de 100 habitants, et mérite une place spéciale dans la statistique détaillée que nous avons dressée des 720 plus petites communes de France. La commune de Dricourt peut porter envie, à tous les points de vue, dans les Ardennes, à celle de Malmy qui a 60 habitants, et à celle de Le Mont-Dieu qui en a 48.

Ce résultat de la première session de quelques conseils généraux, en exécution de la loi du 10 août 1871, a fait revenir à l'article 13 de la loi de 1867, et à la compétence des préfets. L'administration centrale avait plus de moyens de les retenir que les conseils généraux. En se fondant sur un argument bien faible, faisant même défaut en cas de commune nouvelle formée de fractions de deux ou plusieurs autres, et tiré du mot *accord* des conseils municipaux qui se trouve dans le texte de 1871, au lieu du mot *consentement* écrit dans celui de 1867, une nouvelle circulaire du ministère de l'intérieur du 30 mars 1872 vint décider que la loi de 1871 avait laissé subsister sur ce point l'article 13 de la loi de 1867.

En conséquence de cette seconde interprétation de l'article 46 § 26 de la loi du 10 août 1871, les préfets créèrent 21 communes nouvelles du 20 mars 1872 au 13 mars 1873.

Sur ces 69 communes créées par arrêtés préfectoraux (48 du 24 juillet 1867 au 10 août 1872, et 21 du 20 mars 1872 au 13 mars 1873), 41 avaient moins de 300 habitants et 28 moins de 500. Nous avons vu certains conseils généraux faire pis encore, en créant des communes de moins de 100 habitants, et en multipliant les créations.

La moyenne des impositions payées par ces communes nouvelles était de 69 centimes additionnels. Nous en avons cité une payant 161 centimes; d'autres la dépassaient encore, et l'une d'elles allait jusqu'au chiffre de 277 centimes communaux additionnels au principal des contributions directes.

Non seulement les charges locales étaient aggravées par ces créations, le budget de l'État en était également affecté. Obligé par la loi sur l'enseignement primaire de subventionner les communes en cas d'insuffisance de ressources, l'État, par suite de nombreuses créations de communes, se trouvait contraint d'en subventionner deux, alors que la commune primitive se suffisait à elle-même.

Les résultats des mesures, soit de décentralisation, soit de déconcentration en cette matière, étaient donc déplorables.

Une quatrième circulaire du ministère de l'intérieur du 13 mars 1873, en conformité d'un avis du Conseil d'État du 17 octobre 1872, vint alors décider (contrairement à celles du 3 août 1867, du 8 octobre 1871 et du 20 mars 1872), que la loi de 1867 (art. 13 § 1) n'avait pas plus conféré d'attributions aux préfets en matière de créations de communes, que la loi de 1871 (art. 46 § 26) n'en avait conféré aux conseils généraux ; et que l'article 4 de la loi du 18 juillet 1837, exigeant un décret en cas d'assentiment et une loi en cas de dissentiment des conseils électifs, n'avait pas cessé d'être en vigueur.

Ce retour à la centralisation et à la loi de 1837, après plus de six années d'une jurisprudence et d'une pratique contraires (du 3 août 1867 au 13 mars 1873), après trois circulaires ministérielles envoyées aux préfets dans un sens absolument opposé, est un éclatant hommage rendu à cette vérité méconnue, que les créations de communes dépassent la sphère des intérêts locaux, engagent au premier chef l'intérêt de l'État par la dissémination des ressources, l'augmentation des charges, et la déperdition des forces.

C'est, en un mot, la condamnation formelle de la pratique des créations de petites communes.

Ce retour, par voie d'interprétation, au droit exclusif de créer de nouvelles communes au pouvoir central, n'a cependant pas réussi à enrayer le mouvement. Sans doute le Conseil d'État a plus d'une fois proclamé les vrais principes, rappelé qu'il importe de « s'opposer à un fractionnement excessif des agglomérations communales, qui présente le double inconvénient d'augmenter les charges des contribuables et de préjudicier à la bonne administration des communes » ; la moyenne annuelle des créations de communes est seulement descendue à 12 par année, et le rapport sur le dénombrement de 1881, ci-dessus rappelé, a montré qu'il était vrai de dire que l'on continuait à créer de petites communes sans en supprimer (de 1876 à 1881, 45 créations contre 4 suppressions).

Un autre hommage de même nature a été rendu au principe par la nouvelle loi municipale. Elle est revenue à l'idée du législateur de 1791, en exigeant une loi pour toute érection de commune. C'est la disposition de l'article 5 de la loi du 5 avril 1884, qui impose en outre l'avis du conseil général et celui du Conseil d'État.

Mais déjà l'honorable auteur de la communication vous a fait entendre de sombres pronostics. Sur les 12 communes créées en 1884, 7 l'ont été sous l'empire de la nouvelle législation, c'est-à-dire en vertu d'une loi, et toutes les sept sont de petites communes. Il semble croire que le pouvoir législatif va suivre le même mouvement que le pouvoir exécutif, les préfets et les conseils généraux, et après avoir déclaré impossible la diminution des petites communes par voie de suppressions, il conclut que la création de nouvelles petites communes s'impose également, et que d'ailleurs, ces créations de petites communes ont du bon, d'après l'enquête faite par le ministère de l'intérieur en 1879 sur les résultats des créations de communes.

Nous ne pouvons accepter les satisfactions de l'enquête de 1879, dont les principaux déposants ont été ceux-là mêmes dont les créations de communes ont fait des autorités municipales. Ils avaient ardemment sollicité ces créations de communes et se seraient bien gardés de médire de leur œuvre, ainsi que les puissances qui ont facilité et assuré leur conquête. Nous sommes fort peu touchés, à ce point de vue, de la partie favorable des données de cette enquête, nous le sommes gravement par d'autres côtés que nous allons indiquer tout à l'heure ; mais c'est ainsi que nous sommes peu convaincu que les chemins vicinaux et les écoles ne se fussent pas également faits d'après le mouvement général produit dans le pays, alors même que les communes nouvelles n'eussent pas été créées. Ce qu'il y a de plus positif comme résultat nous parait être, même en tenant compte de la vive et rare satisfaction qu'ils en éprouvent, « l'accroissement considérable des charges des contribuables », impartialement constaté par le très intéressant travail du distingué rédacteur du ministère de l'intérieur, M. Gérard.

Nous ne pouvons admettre davantage la conclusion indiquée tout à l'heure et admise sur ce point par la communication à laquelle nous avons l'honneur de répondre. Elle est cependant en harmonie avec l'enquête de 1879, qui, en justifiant les créations de petites communes faites précédemment, semble engager les pouvoirs publics à continuer, malgré les charges, en vue de résultats aussi satisfaisants. C'est ce que l'enquête de 1879 a de plus grave, suivant nous.

Il n'est cependant pas facile d'admettre à la fois qu'il ait été nécessaire d'enlever aux préfets et aux conseils généraux la faculté de créer les communes, parce que les créations de petites communes par eux faites étaient nuisibles aux intérêts locaux et à ceux de l'État, et que des créations analogues par les grands pouvoirs publics puissent être bienfaisantes ou inoffensives, et dans tous les cas, nécessaires ou inévitables. On se demanderait alors pourquoi les instructions du ministère de l'intérieur ont donné sur une question aussi grave que celle de savoir quelle était l'autorité compétente pour créer une nouvelle commune, le rare exemple, non pas d'une circulaire isolée et retirée, mais de quatre variations successives en 1867, 1871, 1872, 1873 ? pourquoi est intervenu à cette dernière date le grave changement de jurisprudence signalé ? et pourquoi enfin le législateur de 1884 a modifié la législation, en remontant au delà de la loi même de 1837, jusqu'à celle de 1791, pour centraliser, dans tous les cas, entre les mains du pouvoir législatif seul, ce droit, avec raison jugé si grave au point de vue des intérêts généraux du pays, de créer de nouvelles communes ?

Tous ces changements de jurisprudence et de législation ont eu pour raison d'être le caractère absolument exceptionnel que doit présenter une création de commune.

Or, proclamer que, malgré leurs inconvénients inévitables et les charges qui en résultent, les créations nombreuses de petites communes faites depuis vingt ans ont eu des avantages (qui, suivant nous, pouvaient être cherchés et obtenus sans ces créations); dire que ces créations s'imposent; opposer la théorie et la pratique ; est-ce le moyen d'encourager, de fortifier les pouvoirs publics dans la voie de la résistance aux demandes de créations de communes? est-ce s'inspirer de l'esprit de l'article 5 de la loi du 5 avril 1884 ?

Sans doute le législateur a peut-être eu tort de rejeter l'amendement portant qu'aucune commune nouvelle ne pourrait être créée à moins qu'elle n'eût au moins 2,000 ou 1,500 habitants. Sans doute aussi les auteurs de la loi eussent mieux fait de ne pas insérer dans l'article 3 une disposition qui est de nature à paralyser les garanties cherchées par l'article 5 dans l'intervention du pouvoir législatif. En obligeant l'administration à soumettre à l'enquête toute demande de modification au territoire communal et de création de commune formée par le tiers des électeurs inscrits, l'article 3 va développer l'agitation qu'il serait sage d'arrêter au point de départ.

Il ne faut pas se dissimuler, en effet, que les agitations locales pour obtenir des créations de communes nouvelles, ont le plus souvent leur raison d'être, moins dans des dissidences et des conflits qui peuvent être aplanis autrement, moins dans de véritables intérêts communaux, que dans des ambitions municipales et autres et dans des intérêts électoraux. Voilà ce qui explique le nombre et l'ardeur des demandes et les condescendances. Il s'agit d'être maire, adjoint, conseillers municipaux, délégués sénatoriaux de la commune nouvelle, et de voir s'ouvrir les larges horizons des élections futures aux conseils d'arrondissement, généraux, etc., auxquels préparent les honneurs municipaux ; et parmi ces candidats en quête de municipalités nouvelles, il se trouve des influences électorales.

Il est si vrai que là gît la véritable cause de l'effet signalé, que c'est à mesure que le droit électoral se développe dans notre pays, que l'on voit les suppressions de communes se raréfier et les créations de communes augmenter.

Faut-il pour cela croire que ce soit un mal inhérent à la démocratie et qui s'impose dans un état démocratique ? Nous ne saurions l'admettre. Nous pensons au contraire que c'est un point sur lequel il faut éclairer la démocratie, lui montrer qu'elle doit partout s'inspirer du sage esprit de l'article 5 de la loi du 5 avril 1884, esprit qui domine en France, comme le prouve le vote de cet article par ses élus. En défendant, au lieu de l'ébranler, ce principe que la création d'une commune nouvelle est chose grave, qui ne peut être que très rarement et exceptionnellement admise par le législateur seul, les hommes d'études de toutes les écoles s'inspireront mieux des nécessités de la situation et s'associeront à la pensée du législateur. J'ai dit les hommes d'études, au lieu de dire les hommes de théorie ou de pratique ; parce que je ne crois pas bon de disjoindre les deux choses ; il n'y a pas de bonne théorie sans le respect des besoins légitimes de la pratique, ni de pratique intelligente, distincte de la routine, sans les enseignements de la théorie. L'une et l'autre, en cette matière, s'unissent pour dire aux électeurs, aux conseils électifs, que l'intérêt du pays n'est pas dans l'émiettement du régime municipal ; qu'il est patriotique que les ambitions électorales prennent une autre voie ; que l'on abuse depuis trop longtemps de ce genre d'agitation locale ; que le devoir des administrateurs et des représentants des populations est d'y résister.

Ce langage sera plus propre à arrêter les uns et à fortifier les autres, et je suis convaincu que, dans les régions élevées de l'administration et des pouvoirs publics, on s'en féliciterait. Du jour où l'opinion éclairée se prononcerait fermement dans ce sens, les pouvoirs publics se sentiraient plus forts pour résister aux agitations locales et triompher des ambitions personnelles qui s'y cachent souvent sous le manteau d'un intérêt public dénaturé.

Ce serait là certainement de belle et bonne pratique, dans le sens et dans l'esprit de l'article 5 de la loi du 5 avril 1884 préservé de toute déviation, et sans le péril, sans l'inconnu, sans le désordre, inhérents aux aventures d'innovations organiques déjà répudiées par le législateur.

III.

Unions de paroisses de l'Angleterre non applicables aux communes de France.

En examinant les questions précédentes, nous avons insisté sur la grande différence qui existe au point de vue du nombre et de l'importance des communes entre la France et l'Italie. Nous devons dire maintenant et tout d'abord qu'en ce qui concerne la proposition relative aux associations de communes, aucune influence ne peut être attachée à l'argument tiré de la législation britannique sur les *unions de paroisses* de l'Angleterre. L'erreur serait aussi grande de comparer la paroisse anglaise à la commune de France et de l'Europe continentale, que de comparer notre commune française issue de la Révolution à nos anciennes paroisses ou communautés d'habitants d'avant 1789, dont la condition était si différente de celle du petit nombre de communes existant alors dans notre pays. En dehors des bourgs anglais qui sont toujours les seules communes de l'Angleterre, la commune n'y existe pas. La paroisse anglaise ne constitue pas une unité administrative comparable à la commune du continent, où se trouvent concentrés tous les services qui forment en France l'administration municipale. Le *vestry* ou assemblée des contribuables de la paroisse inscrits à la taxe des pauvres, et ses agents, sont réduits au service temporel de l'église, à l'entretien des cimetières, aux travaux de petite voirie. L'*union des paroisses* est surtout une paroisse agrandie, comprenant de 30,000 à 40,000 habitants, moins grande que notre arrondissement, mais plus grande que notre canton, et constituée pour la perception de la taxe des pauvres et la construction et l'entretien du workhouse; deux institutions heureusement inconnues en France, issues de l'assistance publique obligatoire, l'une des plaies de l'Angleterre, répudiée par notre législation positive, comme par les lois naturelles de la liberté de l'homme et de sa responsabilité.

Quelle que soit la grande place occupée dans la législation financière de l'Angleterre par la taxe des pauvres, et la grande influence qu'elle a exercée sur le mode de répartition des taxes locales, ce serait une autre erreur grave que de croire à la concentration des services locaux entre les mains des bureaux des gardiens ou tuteurs des pauvres, qui sont les représentants élus des unions des paroisses. Même en ce qui concerne directement la taxe des pauvres et l'administration du workhouse, leurs attributions ont été réduites au profit du bureau du gouvernement local par l'acte de 1871 sur le bureau du gouvernement local, qui a fait disparaître le *Gilbert act* de Georges III de 1782, qui avait institué les tuteurs des pauvres.

En dehors donc de la part d'attributions spéciale et restreinte du *vestry* dans la paroisse et du bureau des gardiens ou tuteurs des pauvres dans les *unions de paroisses*, l'administration locale de l'Angleterre est répartie entre l'administration du comté, le bureau du gouvernement local, et de nombreuses commissions locales ayant chacune leurs attributions distinctes et dont les circonscriptions ne correspondent ni entre elles, ni avec la paroisse, ni avec les unions de paroisses.

En présence de telles dissemblances, de l'abîme qui sépare les institutions locales des deux pays, est-il possible de tirer argument chez nous de ces grandes unions de paroisses de nos voisins, plus grandes que nos cantons ?

D'un mot nous pouvons résumer cette saisissante antithèse, en disant que la commune n'existe pas en Angleterre (sauf les bourgs au nombre de moins de 300), tandis que la commune est en France la base fondamentale de nos institutions administratives et de l'édifice social.

Donc, dans la matière qui nous occupe, il n'y a pas à imiter ce qui se passe de l'autre côté du détroit.

Dans l'organisation de notre administration locale, bien remarquable, quoi qu'on en dise, par sa simplicité et sa clarté, surtout lorsqu'on la compare à celle de l'Angleterre, c'est certainement une chose grave que d'introduire un organisme nouveau. Si l'argument est bon pour écarter les propositions d'organisation cantonale, il ne peut cesser de l'être lorsqu'il s'agit des associations de communes proposées. C'est l'auteur même de la motion qui a dit que l'un des « graves inconvénients que présente l'organisation cantonale », et pour lesquels elle lui paraît devoir être rejetée, est que « ce serait un rouage nouveau, une complication de plus à notre administration ».

Il n'est donc pas juste de rejeter cette objection en ce qui concerne les associations de communes et de la représenter comme la condamnation par avance de tout progrès. Le reproche ne nous atteindrait pas seul ; et l'esprit très ouvert aux idées véritablement progressives, nous nous refusons seulement à confondre deux choses fort différentes, le changement et le progrès.

Il est manifeste que si la surveillance et le contrôle de 36,097 communes est une tâche incontestablement lourde et difficile pour l'administration supérieure, *les difficultés s'accroîtraient singulièrement si à ce contrôle s'ajoutait, soit celui des cantons transformés en unités administratives et en personnes morales, soit celui des associations de communes.*

Pour celles-ci, les difficultés de la surveillance et du contrôle seraient bien plus grandes que pour l'unité cantonale, car les associations de communes ne correspondraient à aucune division territoriale. Pouvant varier à l'infini pour chaque commune, de canton à canton, d'arrondissement à arrondissement, de département à département, elles présenteraient bientôt pour l'administration et la comptabilité, si elles se généralisaient, un véritable chaos.

L'honorable auteur de la proposition redoute le trouble et le désordre que pourraient jeter dans l'administration les suppressions de petites communes, ces suppressions prudentes et successives que nous souhaitons, telles qu'elles ont été déjà pratiquées en France et en Italie. Nous sommes surpris que l'idée des associations de communes, si elle venait à se généraliser, ne lui suggère, au contraire, aucune appréhension au point de vue de l'ordre administratif et financier, même sans parler de l'ordre politique.

L'expérience est cependant faite que l'on peut, sans secousse et sans violence, supprimer de petites communes, et surtout n'en plus créer, sans jeter le désordre dans le pays ; tandis que l'expérience des associations de communes est tout entière à faire, d'une part, et que, d'autre part, les considérations que nous produisons montrent les inconvénients, sinon les dangers, d'une pareille épreuve.

Suivant nous, le désordre dans l'administration locale et dans les finances communales, ne tarderaient pas à être la conséquence de l'institution nouvelle, indépendamment de la tentation donnée aux communes administrativement associées, d'étendre leur association au delà des limites voulues, et de s'associer aussi politiquement. Nul n'ignore que ce droit politique a été revendiqué pour elles et l'usage qui en fut fait jadis.

En outre des arguments de cet ordre qu'il ne serait pas sérieux de traiter légèrement, il en est bien d'autres qu'il n'est pas non plus possible de négliger.

La nouvelle loi municipale date d'hier, 5 avril 1884. Elle a été promise au pays dès 1871. De grandes commissions extraparlementaires l'ont préparée en deux parties; deux ministres de l'intérieur en 1877, M. Jules Simon et M. de Marcère, les ont successivement déposées; trois commissions successives à la Chambre des députés et une au Sénat, l'ont élaborée; quatre rapporteurs à la Chambre, MM. Jules Ferry, Jozon, de Marcère et Dreyfus, et M. Demôle au Sénat, en ont exposé l'objet et les principes; les deux Chambres ont consacré à sa discussion de très nombreuses séances. Et c'est cette loi, ainsi préparée pendant plus de 10 années par les pouvoirs publics, codifiant notre législation municipale en 168 articles, réalisant des changements importants et de notables progrès, que l'on demande de modifier sur un point considérable et dans un sens complètement nouveau, au lendemain de sa promulgation, avant que l'expérience ait encore prononcé sur les innovations qu'elle réalise !

Une pareille proposition sortirait maintenant de l'initiative parlementaire qu'il n'est pas téméraire de supposer que les commissions d'initiative ne proposeraient pas de la prendre en considération et que les Chambres refuseraient de la renvoyer à leurs bureaux, à moins peut-être que les visées d'associations communales politiques ne vinssent à l'appui des visées d'associations communales administratives. Quant à l'initiative gouvernementale, quel serait le ministère qui voudrait en prendre la responsabilité?

Si encore il y avait eu, sur ce point, un oubli, une lacune, si cette proposition avait été omise dans cette longue élaboration de toutes les idées en matière d'administration communale produites pendant les dix ans de préparation de la loi nouvelle! Il n'en est rien. La proposition a été produite, non pas au début, ni même en première délibération, mais à la seconde délibération de la Chambre des députés; elle a été successivement admise à la Chambre, combattue au Sénat, défendue, et finalement rejetée. On devait croire la question vidée pour longtemps. Mais il est certain que, ni dans le domaine législatif, ni dans le domaine scientifique, il n'y a d'application du principe de la chose jugée.

Il est toujours temps de reproduire et de soutenir une idée qui serait juste. Mais il faut lui donner un corps, une formule; cette obligation s'impose toujours en matière de législation aux promoteurs d'une idée nouvelle; c'est à eux qu'il incombe de rédiger le projet ou la proposition de loi. Ils ne peuvent se borner à émettre l'idée, et laisser à ceux qui la contestent ou qui doutent, la tâche de chercher à la rédiger de manière à la rendre acceptable.

Cette formule est indispensable, au point de vue de la pratique, plus encore qu'au point de vue de la théorie, pour permettre d'apprécier la valeur d'une innovation.

Donc, à défaut d'aucune autre formule proposée, nous sommes bien obligés de nous en tenir à celle qui a été produite et soutenue dans la discussion de la loi municipale. Il n'en a pas été proposé d'autre au Parlement dans les diverses phases de la discussion auxquelles ont été soumises les dispositions relatives à ces associations de communes; et nulle autre formule ne lui est substituée aujourd'hui.

Ces dispositions formaient les articles 116 à 121 du projet de loi voté en seconde lecture par la Chambre des députés et soumis au Sénat. Il est indispensable dans cette discussion d'en connaître exactement la teneur (1) et de s'y reporter. De cet examen découle en effet la preuve que la proposition n'est conforme, ni au principe de liberté, ni à celui des franchises communales.

La proposition n'est pas libérale, car il résulte des articles 116 et 117 que l'association de communes aurait été constituée par l'administration supérieure, *soit d'office*, c'est-à-dire sans le consentement d'aucun des conseils municipaux des communes intéressées, *soit sur la réclamation de l'une d'elles*, c'est-à-dire sans le consentement des autres. Si l'on se rabat aujourd'hui, comme un pis-aller, et sans en donner la formule, sur les associations purement facultatives, il faut remarquer qu'en 1883-1884 les partisans de l'innovation ont eux-mêmes considéré cette face de la question comme si peu pratique, qu'ils n'ont produit aucun amendement dans ce sens, ni à la Chambre, ni au Sénat.

La proposition est en outre attentatoire aux franchises communales. Les articles 119 et 120 du projet faisaient en effet passer l'autorité, pour la délibération et pour l'action, *à la commission intercommunale et à son président*; c'est-à-dire que les conseils municipaux et les maires des communes associées se trouvaient dessaisis. Des actes de la vie civile des communes eussent été accomplis, des dépenses eussent été imposées aux communes, sans le vote de leurs conseils municipaux, par des assemblées composées en majorité des délégués des autres communes associées, et où chacune d'elles ne devait former qu'une infime minorité. N'est-ce pas là l'atteinte la plus profonde à l'indépendance communale dans la sphère même de la gestion des intérêts économiques des communes ? Il serait nécessaire de dire comment on éviterait mieux ce reproche avec des associations facultatives,

---

(1) Art. 116. Lorsque plusieurs communes possèdent des biens ou droits par indivis, ou lorsqu'elles sont intéressées à l'exécution d'un même travail, un arrêté du préfet, si elles appartiennent au même département, et un décret du Président de la République, si elles appartiennent à des départements différents, institue, soit d'office, soit sur la réclamation de l'une d'elles, une commission intercommunale composée de délégués des conseils municipaux des communes intéressées. Chacun des conseils élit dans son sein le nombre des délégués qui a été déterminé par l'arrêté ou le décret d'institution. La commission est renouvelée après chaque renouvellement des conseils municipaux. — Art. 117. Une commission intercommunale peut être instituée dans les mêmes conditions par arrêté du préfet entre plusieurs communes d'un canton, en vue de se concerter et de prendre des délibérations sur les objets suivants : 1° la création ou l'entretien à frais communs de cours ou d'écoles d'enseignement primaire supérieur, d'enseignement professionnel ou agricole; 2° la création ou l'entretien d'établissements de bienfaisance, hôpitaux, asiles de nuit; 3° la création, l'amélioration ou l'entretien des voies ou chemins vicinaux ordinaires desservant deux ou plusieurs communes. — Art. 118. Dans le cas prévu par l'article 117, l'arrêté du préfet qui institue la commission peut autoriser les autres communes du canton à se joindre à celles visées par l'arrêté et détermine le nombre des délégués qu'elles auront à nommer. — Art. 119. La commission intercommunale choisit son président parmi ses membres. Les attributions de la commission et de son président, en ce qui touche les biens et les droits indivis ou l'exécution des travaux, sont les mêmes que celles des conseils municipaux et des maires en pareille matière. Les délibérations prises par la commission ne sont exécutoires qu'après avoir été ratifiées par arrêté du préfet ou décret du Président de la République, et demeurant d'ailleurs soumises à toutes les règles établies pour les délibérations des conseils municipaux. — Art. 120. Les dispositions de l'article 119 sont applicables dans les cas où la commission intercommunale est formée et agit conformément à l'article 117. — Art. 121. La commission intercommunale peut être dissoute conformément aux règles posées par l'article 43. Dans le cas où le mandat de l'un des délégués vient à cesser, un nouveau délégué est élu par le conseil municipal. En cas de dissolution de l'un des conseils ou de tous les conseils municipaux, les délégués restent en fonctions jusqu'à ce que les nouveaux conseils aient pourvu à leur remplacement.

qu'avec les associations imposées du projet de 1883-1884. Ira-t-on jusqu'à dire que le consentement préalablement donné à l'association par les conseils municipaux devra suffire à tout, même à leur abdication et à celle de l'autorité communale ?

Il n'y a plus seulement ici le désordre et le bouleversement dans l'administration et les finances communales, déjà signalés, il y a un déplacement absolu de l'autorité communale, et l'anéantissement des franchises municipales. Cela est tellement vrai, et tellement grave, que les partisans de l'idée en 1883-1884, n'ont pas cru qu'il fût possible de rencontrer le concours de volonté des communes intéressées; nous ne croyons pas nous tromper en disant que c'est pour ce motif qu'il voulaient faire consacrer par la loi l'association obligatoire.

Ainsi, obligatoire ou facultative, l'association de communes proposée, est une atteinte au droit communal, au lieu d'en être un développement libéral et de constituer un progrès. Sous une forme et dans des conditions différentes, cette association dans sa sphère d'application, n'anéantirait pas moins le droit communal, que ne le faisait l'institution des municipalités cantonales de la Constitution de l'an III.

Suivant nous, ces motifs de rejet sont plus absolument décisifs et péremptoires, que celui tiré de l'acheminement qui pourrait résulter de l'association des communes, vers l'organisation cantonale, motif très réel cependant, indiqué avec raison au Sénat. Cette considération et cette crainte puisent en effet une force particulière dans le projet de loi *sur les hospices cantonaux* soumis au conseil d'État en 1879, qu'il aurait même approuvé, mais avec des hésitations à ce point partagées par le Gouvernement, que ce projet n'a pas été, que nous sachions, soumis aux Chambres.

Dans un autre ordre d'idées, il ne faudrait pas croire cependant que la loi française n'ait fait aucune place au groupement ou à l'association des communes, dans la mesure conciliable avec les principes ou les intérêts que nous croyons défendre et que, suivant nous, la proposition discutée eût compromis.

La loi municipale du 5 avril 1884 a emprunté d'abord à la loi sur les conseils généraux du 10 août 1871 ses dispositions relatives aux conférences interdépartementales, et a institué les conférences intercommunales par ses articles 116 à 118 (1), c'est un progrès certain. Pourquoi tout d'abord l'accuser d'impuissance ?

Tous les exemples cités sont empruntés à l'administration départementale. Pourquoi donc alors ne pas commencer par demander les associations départementales ? Il est moins dangereux de faire des expériences administratives avec 86 unités qu'avec 36,000. La loi sur les conseils généraux du 10 août 1871 a pour elle

---

(1) Art. 116. Deux ou plusieurs conseils municipaux peuvent provoquer entre eux, par l'entremise de leurs présidents, et après en avoir averti les préfets, une entente sur les objets d'utilité communale compris dans leurs attributions et qui intéressent à la fois leurs communes respectives. Ils peuvent faire des conventions à l'effet d'entreprendre ou de conserver à frais communs des ouvrages ou des institutions d'utilité commune. — Art. 117. Les questions d'intérêt commun seront débattues dans des conférences où chaque conseil municipal sera représenté par une commission spéciale nommée à cet effet et composée de trois membres nommés au scrutin secret. Les préfets et les sous-préfets des départements et arrondissements comprenant les communes intéressées pourront toujours assister à ces conférences. Les décisions qui y seront prises ne seront exécutoires qu'après avoir été ratifiées par tous les conseils municipaux intéressés et sous les réserves énoncées au chapitre III du titre IV de la présente loi. — Art. 118. Si des questions autres que celles que prévoit l'article 116 étaient mises en discussion, le préfet du département où la conférence a lieu, déclarerait la réunion dissoute. Toute délibération prise après cette déclaration donnerait lieu à l'application des dispositions et pénalités énoncées à l'article 34 de la loi du 10 août 1871.

quinze ans d'expérience, et l'on ne peut savoir encore tout ce que donnera la loi municipale de 1884. Il est logique enfin de commencer par le département et de finir par la commune. Commencez donc par demander l'association des départements avant de vouloir associer les communes. Qu'il soit bien entendu, toutefois, que nous n'avons l'intention ni de préjuger la question pour le département, ni d'admettre que toute chose possible dans le département le soit dans la commune.

La loi municipale du 5 avril 1884 n'a pas seulement admis les conférences intercommunales, ce qui est une innovation ; elle a admis l'association elle-même là où elle a sa raison d'être dans une propriété indivise entre plusieurs communes qui n'en demandent pas le partage. Dans ce cas, l'article 161 de la loi du 5 avril 1884 (1), imitant l'article 70 de la loi du 18 juillet 1837, se contente aussi de la demande d'une seule commune pour permettre la constitution, par décret du Président de la République, d'une commission syndicale et d'un président, dont les attributions comprennent « *l'administration des biens et droits indivis et l'exécution des travaux qui s'y rattachent* ».

Mais le § 3 de l'article 162 (2), même dans ce cas d'indivision, s'empresse de rentrer dans le principe, en modifiant sur ce point la législation antérieure, par la réserve expresse aux conseils municipaux du droit de statuer sur les ventes, échanges, partages, acquisitions et transactions.

Cependant il a bien fallu déroger encore aux principes, en ce qui concerne le vote des dépenses conféré à la commission syndicale, et relativement à la répartition de ces dépenses attribuée au préfet, sur l'avis du conseil général, par l'article 163 § 3 (3), en cas de désaccord entre les conseils municipaux. Ainsi, même dans cette hypothèse d'association résultant de la copropriété et de l'indivision entre communes, le législateur, malgré tous ses efforts pour respecter le droit des conseils municipaux, s'est trouvé forcé d'y porter une triple atteinte, en transmettant le droit de voter les dépenses à la commission syndicale, en étendant à ce cas le droit d'inscription d'office au budget des communes par le préfet [art. 163 § 4] (4), et en donnant de plus au préfet le droit de faire la répartition des dépenses dans le cas indiqué.

En dehors des dispositions de la loi municipale, il existe aussi d'autres dispo-

---

(1, 2, 3, 4) Titre V. — *Des biens et droits indivis entre plusieurs communes.* — Art. 161. Lorsque plusieurs communes possèdent des biens ou des droits indivis, un décret du Président de la République instituera, si l'une d'elles le réclame, une commission syndicale composée de délégués des conseils municipaux des communes intéressées. Chacun des conseils élira dans son sein, au scrutin secret, le nombre de délégués qui aura été déterminé par le décret du Président de la République. La commission syndicale sera présidée par un syndic élu par les délégués et pris parmi eux. Elle sera renouvelée après chaque renouvellement des conseils municipaux. Les délibérations sont soumises à toutes les règles établies pour les délibérations des conseils municipaux. — Art. 162. Les attributions de la commission syndicale et de son président comprennent l'administration des biens et droits indivis et l'exécution des travaux qui s'y rattachent. Ces attributions sont les mêmes que celles des conseils municipaux et des maires en pareille matière. Mais les ventes, échanges, partages, acquisitions, transactions, demeurent réservés aux conseils municipaux. — Art. 163. La répartition des dépenses votées par la commission syndicale est faite entre les communes intéressées par les conseils municipaux. Leurs délibérations seront soumises à l'approbation du préfet. En cas de désaccord entre les conseils municipaux, le préfet prononcera sur l'avis du conseil général ou, dans l'intervalle des sessions, de la commission départementale. Si les conseils municipaux appartiennent à des départements différents, il sera statué par décret. La part de la dépense définitivement assignée à chaque commune sera portée d'office aux budgets respectifs, conformément à l'article 149 de la présente loi.

sitions de lois spéciales qui admettent divers groupements de communes, sans porter atteinte à l'unité communale.

La loi du 21 mai 1836 sur les chemins vicinaux a créé une association *sui generis* entre les communes, d'un genre approprié à ce service.

Les lois sur l'enseignement primaire, en attendant que chaque commune puisse avoir ses écoles, ont pourvu aux moyens d'assurer aux enfants l'entrée des écoles d'une commune voisine.

Les lois relatives aux cultes ont fait de même.

Enfin la loi du 7 août 1851 sur les hospices et hôpitaux, dans ses articles 3, 4 et 5 § 2, relatifs aux malades et incurables indigents des communes qui n'ont pas d'établissements hospitaliers, organise aussi une sorte d'association particulière d'assistance publique entre les communes.

Ainsi, il ne serait pas exact de dire que le législateur français a négligé de pourvoir à ces graves intérêts, indépendamment de la facilité avec laquelle sont créés en France, soit les bureaux de bienfaisance communaux, soit les établissements d'utilité publique.

D'ailleurs ces lois mêmes, rapprochées des dispositions de l'article 117 rejeté du projet de loi municipale en 1884, suggèrent une dernière observation, qui n'est pas la moins importante de celles que nous venons de grouper, et sur laquelle nous croyons devoir achever cette discussion. C'est pour des objets d'enseignement, d'assistance, de voirie, que l'article 117 du projet demandait la formation des associations de communes, et nous avons justifié le législateur d'avoir rejeté ces dispositions. Nous n'avons garde de dire cependant qu'il ne puisse pas y avoir des améliorations à apporter à nos lois d'assistance, d'enseignement, de voirie. Mais c'est par voie de modifications à apporter à ces lois spéciales, comme le législateur l'a fait jusqu'à ce jour, qu'il convient de procéder. Qu'importe ? nous dit-on. Il importe beaucoup; parce que lorsqu'il s'agit de mesures relatives à l'assistance, à l'enseignement, à la voirie, elles sont mieux étudiées dans une loi spéciale que dans une loi générale, surtout dans une loi sur la prétendue nécessité des associations de communes; parce que c'est surtout à propos de chacune de ces législations spéciales et distinctes qu'il convient de s'assurer des améliorations dont elle est susceptible; et enfin parce que ce déplacement même de la question posée constituerait une sauvegarde contre le retour aux dispositions générales et à toutes autres du même genre que le législateur de 1884 a sagement écartées du nouveau code municipal de la France.

Nancy, imprimerie Berg r-Levrault et Cie.